AF360312

RECHERCHES

sur

LES MONNAIES DE LAON,

par

F. Desains.

SAINT-QUENTIN,

Imprimerie d'Ad. MOUREAU, Lithographe, 7, Grand'Place.

(FÉVRIER 1838.)

RECHERCHES

SUR

les Monnaies de Laon.

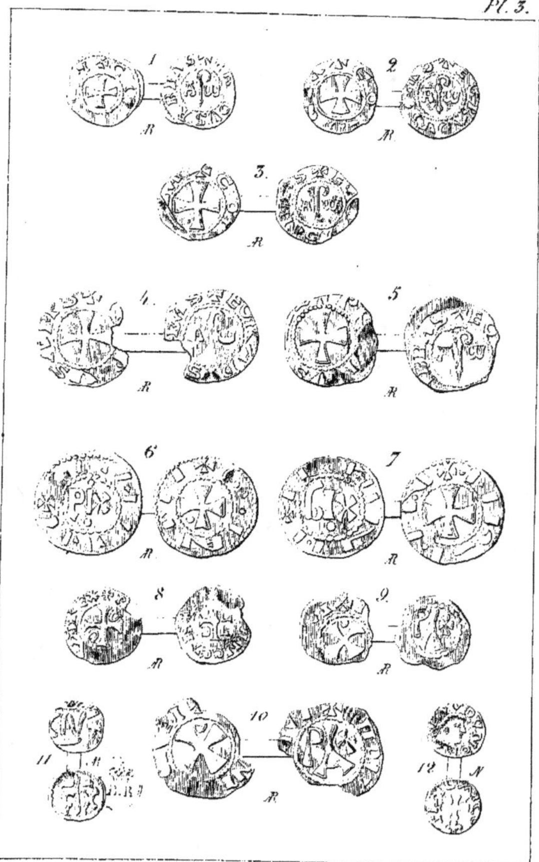

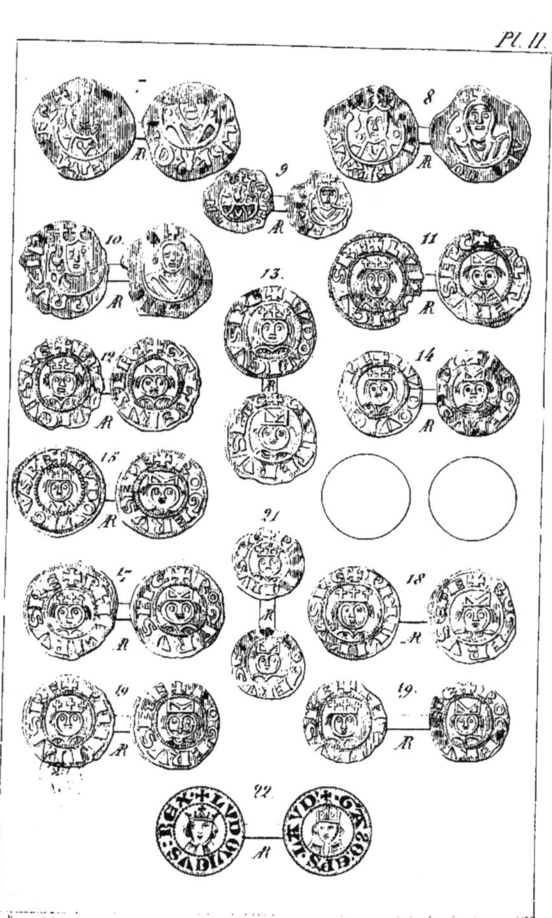

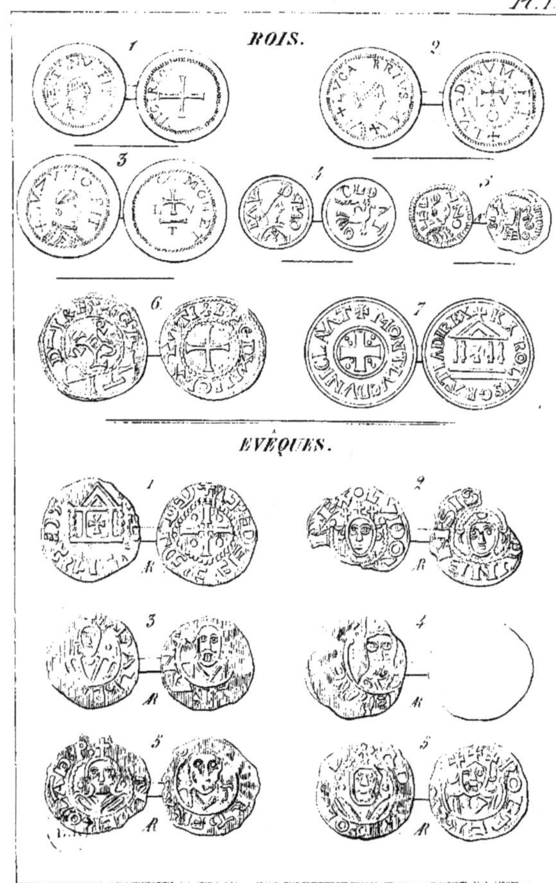

ROIS.
EVÊQUES.

RECHERCHES

SUR

les Monnaies de Laon.

Uɴ crime de lèze-numismatique a été commis, il y a quelques années, aux environs de Saint-Quentin. Une trouvaille de monnaies anciennes a été faite, et anéantie aussitôt en presque totalité. L'ouvrier, ne voyant dans les pièces découvertes que du mauvais argent, a cru bien faire de les jeter au feu, au nombre de plus de trois cents, m'a-t-on assuré, et en a fait une espèce de lingot qu'il a vendu ensuite **50 sous**..... Qu'il me soit permis, à cette occasion, de joindre mes vœux à ceux exprimés plusieurs fois par M. ᴅᴇ Sᴀᴜʟᴄʏ, comme à ceux de tout ami de la science, pour voir préserver du creuset des pièces qui s'y fondent malheureusement encore tous les jours.

Il m'en était arrivé quelques-unes alors, mais dans un état de conservation tellement mauvais qu'il a fallu renoncer à l'espoir de découvrir l'origine de la plupart. Le tact me disait cependant que c'était quelque chose..... une lettre ou deux déchiffrées me faisaient battre le cœur ; .... je croyais deviner; .... puis, je mettais aux incertaines ; .... puis, cent fois je les reprenais... Enfin, au mois d'octobre dernier, le propriétaire du champ, qui n'avait *eu que le fond du pot*, a bien voulu m'apporter le *reste* qu'il gardait pour lui, ce reste sauvé comme par miracle. Il se compose d'une trentaine de pièces, mais hélas ! presque toutes encore dans un pitoyable état. Il faut la réunion de plusieurs fractions de légendes, sur plusieurs pièces, pour composer un tout. *Une seule* est passablement conservée , et ne laisse aucun doute. On frissonnera de dépit , comme moi , et on déplorera la perte que nous avons faite , en apprenant qu'il s'agit de *Monnaies épiscopales du commencement de la troisième race* , de Monnaies frappées à **Laon** , totalement inconnues jusqu'à ce jour.

Mais , avant de les décrire , je crois qu'on me saura gré de rassembler ici le peu de Monnaies royales Laonnaises connues , bien que déjà publiées par différens auteurs.

ROIS.

LAON , que nos historiens nomment *Lugdunum* , *Lugodunum* , *Laudunum* , *Laodunum* , *Lugdunum* ....} *Clavatum* ou *Cloatum* , et *Laudunum* ....}

a été célèbre dès les premiers temps de notre monarchie. — Sous les Carlovingiens , depuis Charles-le-Simple jusqu'à l'avénement de Hugues Capet , cette ville a été , pendant environ 80 ans , la résidence de nos Rois.

Les monumens numismatiques qui nous restent , prouvent clairement que sous les deux premières races on y frappait monnaie.

Voici ceux que j'ai pu recueillir :

MÉROVINGIENS.

N°. Ier de la Planche Ire.

Tiers-de-Sol d'or ; Tête du Roi , ornée d'un diadême perlé ; pour légende *Leudunu fit*, pour *Lugdunum* ou *Leudunum*. De l'autre côté , une Croix , et pour légende , *Vicirio* (nom du monétaire).

N°. 2.

Demi-Sol d'or ; Effigie ornée d'un diadême perlé double et du manteau royal, avec une croix sur la poitrine ; pour légende *Lucarrius m* , c.-à-d. *moneta-*

(5)

rius. De l'autre côté, une Croix sur une boule, une *L* et un *V* sous les bras ; pour légende , *Lugdunum fit.*

Nº. 3.

Tiers-de-Sol d'or ; Tête ceinte d'une double bandelette , l'habit brodé à la royale avec l'agraffe sur l'épaule , pour relever le manteau ; pour légende , *Luduno fit.* De l'autre côté , la Croix sur un pied , une *L* et un *V* sous les bras , et pour reste de légende....*S....monet ,* pour monetarius.

(Bouteroue, page 349 , n. 14, 15 et 16.)

Nº. 4.

Tiers-de-Sol d'or. Tête du Roi, différente des autres ; au tour , le mot *Lauduno.*

R. Un Oiseau , et pour terminer la légende du droit , *Cloato.*

(Leblanc, page 58, n. 3o.)

Nº. 5.

Tiers-de-Sol d'or. Tête nue , à droite , légende : *Leuduno.*

R. Personnage assis sur une chaise, tenant à la main quelque chose qu'on croit être une massue. Légende , *Sigimudo* (nom du monétaire Sigimund.)

(Lelewel, Numismatique du moyen âge, page 37 , pl. IV , n. 61.)

M. Clouet à Verdun , possède une sixième variété.

C'est encore un *Tiers-de-Sol d'or.* — D'un côté *Lauduno fit.* Tête de Roi à droite. — *Sigilaico ,* une Croix.

(Voir le n. 12 de ma Planche 3.) (1).

Si Bouteroue a raison , nous aurions donc dans la seule ville de Laon, sous la 1re race, cinq noms de monétaires, et probablement six rois différens.

Mais il est fort possible que le Nº. 2 soit de Lyon, puisqu'il porte *Lugdunum.* Quand on a voulu exprimer Laon par *Lugdunum ,* on a sans doute toujours ajouté *Clavatum.*

Les lettres *L V* seraient les initiales de *Lugdunum.* Elles peuvent l'être également de *Ludunum ;* et je crois le Nº. 3 plutôt de Laon que de Lyon.

---

(1) Le dessin de cette Pièce a été fait sur une empreinte en étain qui m'est arrivée après la confection des planches n. 1 et 2.

CARLOVINGIENS.

N°. 6.

Denier d'argent de Charles-le-Chauve, en nature dans mes cartons, pesant près de 34 grains, et par conséquent un peu plus que ne porte l'indication de Leblanc (32 grains environ). Monogramme connu de Charles. Au tour, pour légende : *Gratia d'i Rex.*

R. *Lugduni clavati.* Dans le champ, une Croix.

N°. 7.

Denier d'argent de Charles – le – Simple. *Karolus gratia d'i Rex.* Un Temple.

R. *Mont* (pour moneta.) *Lugduni clavat.*

(LEBLANC , page 146, n. 14.)

Je puis citer une dernière Monnaie royale frappée à Laon ; c'est celle qu'on y fabriqua pendant la Ligue. — Les Monnaies de Charles X , roi de la Ligue, frappées dans différentes villes, sont assez connues. Je crois celles de Laon plus rares. Je ne les ai jamais vues. Voici ce qu'en dit M. Devisme , dans son Histoire de la ville de Laon, p. 83, note 6 du livre 5 :

« Lorsque, le numéraire venant à manquer à Laon, les Ligueurs résolurent
« de battre monnaie, ils crurent devoir recourir à l'autorité de Mayenne pour
« en avoir la permission. Ils sentirent qu'en se dispensant de cette formalité,
« ils risquaient que leur monnaie ne pût avoir cours ailleurs que dans la ville. »

« Il y eut deux fabrications , l'une en février 1590 , et l'autre en février
« 1593. On frappa des *Quarts-d'Ecu*, des *Demi – Quarts d'Ecu* et des *Pièces*
« *de Six-Blancs.* Il n'est pas dit de quelles empreintes celles-ci étaient mar-
« quées. Les autres portaient d'un côté, une Croix et la légende ordinaire *Sit*
« *nomen Domini benedictum ;* sur l'autre face, les armes de France avec cette
« inscription : *Carolus decimus Francorum Rex ;* et , au bas , les lettres *L* et
« *A* jointes ensemble. »

ÉVÊQUES.

Chopin (Domaine de France) , cité par Duby , nomme l'évêque de Laon , le vingt-deuxième des trente-un seigneurs à qui le roi a donné le privilége de faire battre monnaie.

La monnaie de Laon était renommée.

L'ordonnance de 1265, citée par Ducange , contient ce passage :

« Que nuls ne prangnent en sa terre , fors purs Tournois et Parisis et *Loevesiens* « *deus pour un Parisis.* »

On appelait alors la monnaie de Laon *Lovisienne , Locvesienne* ou *Laonnoisienne.*

La livre Laonnoisienne ne valait que la moitié de la livre Parisis. C'est ce qui résulte de la confrontation de deux actes du cartulaire de l'évêché. C'est d'ailleurs ce que dit formellement l'édit de 1265 : « *Deus pour un Parisis.* »

Cent sous *Laonisiens* sont évalués à 50 sous parisis dans une charte du seigneur de Coucy de l'an 1343.

La maille Laonnoisienne , ou *maaile Lovisienne* devait être à 3 *deniers* 18 *grains de loi argent le Roi, et de* 15 *sous mailles doubles de poids au marc de Paris.* (*)

Cependant l'édit royal de 1315 dit que l'évêque de Laon doit faire sa monnaie à 3 deniers 13 grains.

Cette ordonnance de 1315 et celle de 1316 , en parlant du poids de la monnaie , prescrivaient aussi son type :

« L'archevêque de Reims doit faire le coin de sa monnoie devers croix et devers pille telle :

« ✛ *Civitas Remis.* Devers une croix accompagnée de deux croissans et de deux « étoiles $_{\text{tus}}^{\text{rober}}$ arcepiscop. »

« Item , la monnoie de l'évêque de Laon. »

(*) Laudunensium episcoporum monetæ, quas MAAILLES LOVISIENNES appellatas docet regestum 123. debent esse 3. den. 18 gran. legis argenti regis, et 15 sol. maillar. duplic. ponderis ad marcam Paris. (DUCANGE, page 992, Tome IV.)

(8)

« Et doit faire l'évêque de Laon le coin de sa monnoie devers croix et devers pille telle :

« ✛ *Ludovicus rex*, une tête du roi couronné, mise de front : »

« ✚ *Gazo Eps Laud*, une tête mitrée mise de front. »

(Notes manuscrites à l'ouvrage de Guillaume Marlot, Metropolis Remensis hist. insulis, 1666. T. I , p. 562 , dont l'exemplaire est conservé dans la bibliothèque de la ville de Bruxelles, citées par M. Lelewel dans sa Numismatique du moyen-âge, page 209).

Sous quel règne la 1re monnaie épiscopale de Laon a-t-elle été frappée ? C'est une question comme on pourrait en faire encore aujourd'hui sur beaucoup d'autres localités , et qui n'est pas tout-à-fait résolue , malgré ma trouvaille.

M. Devisme, dans son Histoire de Laon déjà citée , nous dit :

« Il est certain que l'évêque de Laon battait monnaie dès le neuvième siècle.
« L'Eleu dit que de son temps on voyait des pièces frappées au coin de l'évêque
« Didon qui fut élu vers 882 ; qu'elles représentaient un évêque coiffé de sa mitre ,
« et que sur le revers elles portaient une crosse. »

Sans m'ériger en censeur de l'auteur L'Eleu , je me permettrai d'élever des doutes sur l'existence d'une telle monnaie, jusqu'à ce qu'on la découvre...... Une mitre , alors , serait chose inouïe. Il n'est pas question de mitre , dit M. Rigollot (*), avant l'an 1000. — Cette monnaie viendrait détruire bien des raisonnemens... , à moins qu'on ne consentît à accorder aux évêques de Laon , sous la deuxième race, le droit d'effigie *sans* l'obligation d'y joindre celle du Roi.... Peut-être L'Eleu l'a-t-il confondue avec la monnaie de *Gaudri* (1106-1112) , dont je dirai un mot en son lieu. Il paraît que cette dernière portait aussi un bâton pastoral.

Jusqu'à présent , la plus ancienne monnaie connue était celle de l'un des deux Gautier (1151-1174). Aujourd'hui, je suis réellement heureux d'être le premier à en faire connaître aux amateurs *une* authentique qui remonte à près de deux siècles plus haut, celle de l'évêque *Adalbéron* avec l'effigie du roi *Robert* au revers. Adalbéron a siégé de 977 à 1030 (et même d'après l'histoire du diocèse de Laon , par Lelong , de 973 à 1032). — Ainsi il aurait vu une partie du règne de Lothaire , ceux entiers de Louis V et de Hugues Capet, tout ou presque tout celui de Robert , et peut-être le commencement de celui d'Henri Ier , au couronnement duquel il avait assisté en 1027 , Henri ayant été couronné du vivant de son père.

Je vais , toutefois , hasarder quelques présomptions en faveur de deux autres monnaies encore plus anciennes.

(*) Notice sur une feuille de dyptique représentant le baptême de Clovis. AMIENS 1832.

```
( 9 )
```

Il est des présomptions qu'on peut se permettre quand elles dérivent de monu-mens certains. Or, ici, mes raisonnemens sur ces deux pièces roulent sur l'ana-logie de style avec ma nouvelle *monnaie certaine* d'Adalbéron, sur la différence de style évidemment très-sensible avec les monnaies de Gautier, et enfin sur le lieu de la trouvaille.

Le N°. 1er a été trouvé *avec le* N°. 2, *qui est de Laon;* — c'est à peu près la seule bonne présomption en sa faveur. Ces deux pièces sont à part de la trouvaille des Adalbéron. Elles viennent des environs de Vervins. Et il y a cela de particu-lier qu'avec les unes et les autres on a également trouvé plusieurs de ces pièces, *martir coronatus*, que, dans ma notice sur les monnaies du Vermandois (insérée dans la Revue de la Numismatique Française, année 1837, N°. 2) j'ai regardées comme la *monnaie muette* du Vermandois.

Je propose de considérer aussi mon N°. 1er comme la *monnaie muette du Laon-nois*. Les lettres ƎD — ƎP — qui se répètent tant du côté du temple que du côté de la croix d'une forme insolite, ne pourraient-elles pas être les initiales de *Edes* (*) *Épiscopi*, le palais de l'évêque? — Jusqu'à preuve contraire, cette présomption ne me paraît pas dénuée de vraisemblance.

J'arrive bien vite au N°. 2. *Ludunensis*, qui est évidemment de Laon, et que je crois appartenir à Louis V, c'est-à-dire, à un évêque du règne de Louis V. — Or, le seul Adalbéron, à Laon, a vu le règne de Louis V.

Ludunensis ou *Laudunensis* (car malheureusement de cette pièce, bien conservée du reste, une petite partie est cassée). Tête, et non pas buste d'évêque de face, d'un style grossier. A peine voit-on de l'espace pour figurer le cou. Au-dessus, un petit croissant et non pas une croix, encore moins une mitre (ceci est à remarquer).

R. Ludovicus rex. Tête à peu près aussi grossièrement faite, mais portant une *couronne à trois croix.*

Ici tout semble concourir à la preuve de mon attribution. Mais, dût-on me reprocher un peu de longueurs, je crois indispensable de donner quelques mots sur Adalbéron. L'historique de sa monnaie paraît en quelque sorte dériver de l'histoire de sa vie.

L'Eglise de France venait de perdre en Roricon, évêque de Laon, un de ses principaux ornemens, et le roi Lothaire qui était son neveu, un de ses plus sages ministres, lorsqu'en 977 ce même Lothaire nomma pour le remplacer son secrétaire qui s'appelait Azelin, et se faisait nommer Adalbéron. Ce jeune écclé-siastique, dit M. Devisme, « cachait, sous les dehors les plus séduisans, le cœur

---

(*) Edes pour OEdes. Nous voyons sur les monnaies: ABBAS CORBEIE (pour Corbeiæ). Phs. comes, Flaudrie, etc.

« le plus vicieux. Sa figure était avantageuse, ses manières nobles et agréables,
« son élocution facile et brillante. Il cultivait les lettres, s'adonnait à la poésie,
« et passait pour un des plus beaux esprits de son tems. Mais il était sans
« mœurs, sans foi, sans pudeur. Plus jaloux d'intriguer dans l'état que de gou-
« verner son église, et capable de mener de front les affaires et les plaisirs,
« il mêlait la galanterie à la politique. La couche d'un roi souillée par des
« amours incestueux, le trône ravi à un autre par une insigne trahison, voilà
« les titres de cet évêque à la célébrité. »

En effet, nous voyons ce prélat, en 981, aidé de l'évêque de Metz Die-
deric, parvenir à brouiller les deux frères Lothaire roi, et Charles duc de
Lorraine. Charles assiège Laon, et est obligé de se retirer.

Réconciliation des deux frères en 984. En 986, mort de Lothaire, empoi-
sonné, d'après l'opinion commune, par Emme, son épouse, afin de se livrer
sans obstacle à son penchant pour Adalbéron.

La même année, Louis V, scandalisé de la conduite de sa mère, et échauffé
par les discours de son oncle, chasse avec ignominie et sa mère et l'évêque ;
puis va prendre Reims..... Ce roi faible, ce *juvenis qui nihil fecit*, fit donc
cependant, en cette occasion, un acte de force et d'autorité. — Il meurt en
987, après un règne d'une année à peine. — Le duc de Lorraine était absent.
— Hugues se fait nommer roi. — Au commencement de la campagne de 988,
le duc de Lorraine, qui voulait disputer la couronne à Hugues, investit Laon.
— Hugues, occupé à Poitiers, arrive trop tard. — Laon est pris. La reine
et Adalbéron sont retenus prisonniers. — Hugues assiège Laon. — Il est con-
traint de se retirer. — Il n'est pas plus heureux dans une seconde tentative —
La campagne de 989 se passe sans progrès remarquables de la part du duc de
Lorraine. — Hugues avait changé de plan. Il ne songeait plus qu'à surprendre
un rival trop difficile à vaincre. — En 990, Adalbéron, qui s'était échappé
de sa prison, aidait Hugues de ses conseils. — Il ne se propose rien moins
que de gagner la confiance de Charles, pour mieux le conduire à sa perte.
— Il devient son principal ministre. On ignore comment il fit pour y parvenir,
mais on reproche cette faute à Charles. — Hugues faisait de secrets préparatifs.
En 991, il vient mettre le siége devant Laon ; mais, toujours repoussé par
Charles, il ne parvient à entrer dans la ville que par la trahison de l'évêque. Un
portier gagné ouvre une porte voisine de l'évêché. Hugues entre avec les
siens la nuit du jeudi saint 991. — Charles et son épouse sont pris et con-
duits à Orléans dans une prison. — Ainsi finit à Laon, dans la personne d'un

prince né à Laon et par la trahison d'un évêque de Laon, la domination de la race Carlovingienne.

Hugues meurt en 996. — Laon cesse d'être la résidence des rois, mais Robert s'y fait couronner. Bientôt le séditieux évêque prend les armes contre lui, et se rend maître de Laon, l'an 1000. — Il y est assiégé par Robert. — Enfin, il se soumet, et rentre en grâce. L'histoire dit encore que l'âge ne calma point la fougueuse inquiétude d'Adalbéron, et rend compte de ses démêlés scandaleux avec Hardouin, évêque de Noyon.

Un évêque aussi puissant, aussi ambitieux, n'aura pas manqué d'user de toutes ses prérogatives. Le droit de battre monnaie n'était pas la moindre.

Si déjà ce droit n'était pas accordé aux évêques de Laon, Adalbéron, nommé évêque par Lothaire, l'aura obtenu de ce roi dont il avait été le secrétaire. Alors on pourrait dire qu'il a fait, d'abord la monnaie muette, mon N°. 1er, puis ensuite la monnaie de deuxième espèce avec *nom* du roi, mais pas encore *nom* de l'évêque.

Si ce droit, comme on le prétend, remonte au 9e. siècle, il en aura obtenu du roi la confirmation. Lothaire qui l'accordait à d'autres (*), n'aura pas refusé cette faveur à celui qui avait été son secrétaire, celui qu'il avait choisi pour évêque, sa créature enfin, tout indigne qu'il s'en soit montré plus tard. Dans ce second cas, on pourrait faire remonter avant Lothaire la monnaie muette, et dire qu'Adalbéron a obtenu de suite le droit d'effigie, mais pas encore avec nom. Sa monnaie, alors, porterait, comme le N°. 2, la tête et le nom de Lothaire, puis la tête d'Adalbéron sans nom. La rencontre d'une telle pièce serait bien précieuse, et mon opinion est qu'elle a dû exister. C'est la première conséquence tirée de l'histoire d'Adalbéron.

A la mort de Lothaire, Adalbéron n'avait pas une conduite assez belle pour obtenir du jeune roi la nouvelle faveur du *nom* avec tête sur sa monnaie ; faveur qui lui aura été accordée, sans doute par Hugues, comme récompense de l'avoir aidé à vaincre son compétiteur. Sa monnaie aura donc continué comme sous le règne précédent. C'est mon N°. 2. — Monnaie de transition entre la monnaie muette et la monnaie complète qui va être décrite, et qui porte *tête et nom* des deux côtés. Cette dernière espèce est nommée par le savant Polo-

---

(*) Eudes, en 889, avait accordé à l'abbaye de Tournus le droit de battre monnaie ; droit qui lui fut confirmé par Charles-le-Simple, par Raoul, Louis-d'Outre-mer, Lothaire, etc.

On a des monnaies de cette abbaye, citées par Leblanc et Duby, qui portent: LOTHARII REGIS PERMISSIONE.

nais *monnaie-mixte-semi-royale*. Ne pourrait-on pas dire que la mienne est une *monnaie-mixte-au-quart-épiscopale* ?

Que l'on compare maintenant mon N°. 2 avec les Adalbéron qui vont être donnés N°ˢ 3, 5, 6, 7 et 8 ; on reconnaîtra une grande analogie de style ; tandis que l'on sera frappé de l'énorme différence avec celui des Gautier, N°ˢ 11, 12, et 13. On dira avec moi qu'il est impossible que, dans l'espace de *quelques instans* de l'année 1158, on ait fait des monnaies d'un même prince avec autant de dissemblance. Le savant Lelewel (page 117 de sa Numismatique du moyen-âge) semblait croire que Gautier, avant la conférence de 1158 chez Louis 7, avait frappé sa monnaie *sans nom* d'évêque (le N°. 1ᵉʳ de Duby) ; puis, qu'après la conférence, il aurait marqué de *sa tête et de son nom* (le N°. 2 de Duby). Comment se ferait-il que la tête de Gautier de Mortagne eût été représentée *sans mitre* avant la conférence, et avec une mitre immédiatement après ? Il n'est pas vraisemblable qu'un changement aussi marquant ait eu lieu subitement, surtout s'il est permis d'attribuer à Gautier de St.-Maurice, prédécesseur de l'autre, la variété que je vais donner sous le N°. 11, puisqu'il portait déjà la mitre. Aujourd'hui que des monnaies certaines *d'Adalbéron et Robert* avec *nom et tête* viennent de surgir, il me paraît évident qu'il faut faire remonter *avant* Adalbéron, ou au moins *à lui*, la monnaie *avec tête* mais *sans nom*. Car, malgré toutes les querelles et les guerres des évêques avec les rois, il ne serait pas raisonnable d'admettre que le droit *d'effigie avec nom* eût été accordé, puis retiré, pour être rendu ensuite. Force nous est donc, sous tous les rapports, d'aller chercher un Louis antérieur à Robert. Or, quel est-il ?..... Louis V. — C'est donc à Louis V qu'appartient ma monnaie.

Le savant Lelewel, au surplus, n'affirmait pas ; il disait : *il paraît*.

Si ces raisons n'étaient pas suffisantes, la forme des lettres composant les légendes viendrait encore à notre aide. Que ceux qui possèdent les précieux ouvrages de M. Cartier et de M. Lelewel, prennent la peine de se reporter au N°. **23** de la *notice sur 25 pièces d'or et d'argent formant ensemble 5 sous, par M. Cartier*, qui est le N°. 1ᵉʳ de la planche XX de M. Lelewel ; on y verra encore une grande conformité de style. Les *V* de mon *Ludovicus*, au lieu d'être d'une forme allongée comme les V des Galterus, sont faits carrément. Ils sont identiques aux *A* du *Gratia di Dux* de M. Cartier, si on les regarde du haut en bas. Les *L* sont d'une forme toute carrée aussi. Enfin ces deux pièces ont une grande analogie pour la grossièreté du style Or, la pièce décrite dans ces ouvrages est attribuée à *Otton III et à Charles de Lorraine*, oncle de notre Louis, et par conséquent, pièce tout-à-fait contemporaine.

Tout me porte donc à croire que la monnaie *Ludunensis-Ludovicus rex*, mal gravée dans Duby, et qui existe en nature dans mes cartons, ne peut appartenir qu'à Louis V, et conséquemment la tête d'évêque de l'autre côté à Adalbéron.

C'est la seconde conséquence tirée de l'histoire d'Adalbéron et du style même des pièces.

Je puis croire que des présomptions telles que celles-là sont admissibles quand elles sont étayées de petits monumens qui se succèdent avec autant de vraisemblance.

N°. 3. *Adalber..* Tête ou plutôt buste de l'évêque Adalbéron, surmonté *d'une* croix.

R......... *Fran*........ Buste du roi.

J'ai cru voir sur cette pièce, immédiatement avant l'*F* de *Fran*, les vestiges de la lettre *O*. Mais, pour qu'on ne m'accuse pas de faire dessiner ce que je *crois voir*, j'ai recommandé à mon dessinateur de n'y rien figurer. L'espace, en remontant, ne comporte de place que pour 3 lettres. Ce serait donc HVGO (Hugues Capet). La différence du dessin de tête avec les *Robert* qui vont suivre, pourrait donner quelque vraisemblance à cette opinion.

Je parlerai un peu plus bas du N°. 4.

N°. 5. *Adalbero Ladep*, le *D* et l'*E* liés ensemble. (*Adalbero LAuDunensis EPis-copus*), Adalbéron, évêque de Laon, ou du Laonnois.

Ici toute la légende est assez bien marquée pour n'avoir aucun doute.

Buste de l'Evêque surmonté d'une croix.

R. ROBRT fra (*Robertus Francorum rex*). — Robert, roi des Français. C'est la seule variété que j'aie vue avec la lettre *R* avant le T.

N°. 6. *Adalbero L*..... variété de buste, toujours une croix sur la tête.

R. *Robt fran*. Buste du roi Robert couronné de *trois croix*.

Trois ou quatre autres pièces, quoique dans un état pitoyable de conservation, portent évidemment : *Robt fra*.

N°. 7 et 8. Variétés des précédentes. — Sans doute encore le roi Robert, toujours avec buste, et la tête couronnée de *trois croix*. On peut remarquer la forme extraordinaire de l'*X* du mot rex.

De l'autre côté, partie du mot *Adalbero* non douteux.

N°. 9. Obole du même. Légende très-difficile à déchiffrer, mais qui me paraît incontestablement appartenir à Adalbéron et Robert. Les lettres R et O de Robert, sont liées ensemble ; et, de l'autre côté, la finale *d'Adalbero* est visible.

Ces monnaies, tout-à-fait inconnues jusqu'à ce jour, sont précieuses sous plus d'un rapport.

La dernière *monnaie royale* connue de Laon est de Charles-le-Simple (N°. 7 des Rois ci-avant). Il est fort à présumer, et je mets hors de doute, que Louis d'Ou-tre-mer, qui habitait Laon, y aura également frappé monnaie. L'atelier moné-taire royal aura cessé ses fonctions dans cette ville en même temps que les rois ont cessé de l'habiter ; en même temps que la race Carlovingienne s'y éteignait. Mais la monnaie épiscopale aura immédiatement remplacé l'autre. Elle a dû commencer avec la 3e. race. Les monnaies que je donne en seront, au moins, la preuve jus-qu'à preuve contraire, c'est-à-dire, jusqu'à ce qu'on en trouve d'antérieures. — Peut-être, sous Lothaire, y avait-il conjointement deux monnaies à Laon.

Mes monnaies ont encore cela de remarquable qu'elles peuvent être classées à peu près parmi les plus anciennes épiscopales connues. Jusqu'à ce jour la plus an-cienne connue, je crois, est celle de l'homonyme de mon évêque, *Adalbéron* Ier *de Metz*, mort en 964 (N°. 1er planche 1re du supplément de M. de Saulcy). Mais celle-là ne porte pas de tête. — Vient ensuite Thierry Ier de Metz, 965 à 984. — Puis, Adalbéron II, 984-1004. — Avec une tête de profil (N°. 20 de la même planche de M. de Saulcy). Puis, l'évêque de Toul, 1026 ; — enfin l'archevêque de Reims Wido, 1033.

Mon Adalbéron a siégé de 977 à 1030. — On voit sur ses monnaies qu'il n'était pas encore coiffé d'une mitre : sa tête est surmontée d'une seule croix. Celle du roi porte la couronne à trois croix, comme mon Louis V. — Cette couronne à trois croix date des temps reculés, dit M. Lelewel : on la remarque sur la monnaie de Cnut, roi Anglo-Danois, vers 1018.

Aujourd'hui, je puis me permettre de dire que le type de mes monnaies, *tête de l'évêque d'un côté, tête du roi de l'autre*, est bien le type local primitif des évêques de Laon. Ces petits monumens viennent corroborer les assertions de l'éditeur de Duby, à propos de la monnaie de Gazo, quand il dit que le nom du roi Louis X, porté sur cette monnaie, peut servir à prouver que c'était une condition strictement attachée au droit de battre monnaie des évêques de Laon.

Sous le rapport de l'art, ne viennent-elles pas de toute évidence sanctionner ce qu'a dit M. Cartier dans son introduction à la Revue numismatique : « que les longues convulsions qui précédèrent l'avénement de Hugues Capet, ayant ramené la barbarie, les premières pièces de la troisième race sont presque *indéchiffrables*.

Leur poids est difficile à déterminer, à cause de leur pitoyable état de con-servation. La moins mauvaise pèse tout près de 24 grains, ce qui serait bien le poids indiqué par Leblanc pour les deniers du commencement de la troisième race.

Enfin , comme monumens numismatiques , elles ont le mérite de l'extrême rareté.

Je n'ai pas été assez heureux pour en rencontrer du règne d'Henri Ier.

N°. 10..... ippus *in....* (sans doute : *inclitus*, épithète qui se remarque sur une monnaie du roi Raoul : peut-être simplement *rex* ou *rix* écrit en lettres grossières et méconnaissables.)

Philippe Ier. — A peu près du même style que les précédentes; si on veut, un peu amélioré : toujours la couronne à trois croix.

R. — Buste d'évêque , une seule croix sur la tête. — Légende totalement usée

Philippe Ier a régné de 1060 à 1108.

Sous son règne, trois évêques ont siégé :

Elinand. . . . . de 1052 — à — 1098.
Enguerrand II . . .   1098 — à — 1104.
et Gaudri. . . . . . .   1106 — à — 1112.

C'est à un des trois que cette monnaie appartient incontestablement.

Je me suis réservé de parler ici de mon N°. 4, qui est aussi d'un aspect un peu différent des autres pièces.

Si on ne voit qu'une seule croix sur la tête, c'est le signe auquel se reconnaît l'évêque, et on pourrait alors lire, dans ce qui reste de la mauvaise légende : ing*erane...* , le dernier trait de l'*A* lié avec le premier de l'*E* pour composer *N*. — Suppléant à ce qui manque, on aurait *ingeraneus* (*Enguerrand II.*)

Si on voit trois croix, signe distinctif du roi, il faudrait lire : FRA. RE (*francorum rex*) , et le nom du roi resterait à deviner. — L'entourage, les ornemens qui accompagnent la figure, comparés aux autres, me sembleraient assez en faire une tête toute royale.

Quant à Gaudri , il est fâcheux qu'on n'ait pas encore découvert de ses monnaies : elles jeteraient un certain jour sur les incertitudes qui restent à éclaircir touchant cette époque. Les historiens sont d'accord sur le fait qu'il en fit de fausse , ce qui porta un grand préjudice dans le pays ; et que , voyant qu'on ne voulait plus la recevoir, il en fit venir d'Amiens qui ne valait pas mieux. Il en fit *aussi* frapper à son coin, portant un *bâton pastoral.* Elle fut également rejetée comme de très-mauvais aloi.

Ceci nous prouve qu'il en fit de deux espèces: la première, sans doute, au coin déjà connu ; et la deuxième avec un type nouveau, *une crosse*, peut-être par imitation de quelque monnaie renommée, et pour mieux tromper le peuple. Il est fort possible, comme je le disais plus haut, que l'auteur L'Eleu ait effectivement eu devant les yeux une monnaie de Gaudry, portant le bâton pastoral, et peut-être mal conservée, qu'il aura prise pour une monnaie de l'évêque Didon, de 882.

Arrivent enfin des monnaies déjà connues en partie. Je fais observer cependant que le dessinateur de Duby ou de M. de Boze, d'après qui Duby la donne, n'a pas pu avoir devant les yeux une monnaie de Gautier telle que celles que je vais donner, car le N°. 2 de sa planche 8, serait à cent lieues de la vérité.

N°. 11. *Galterus, epc.* Gautier, évêque.

R. Ludovicus re, la croix servant d'*x*. Tête ou buste du roi Louis VII, toujours couronné de trois croix.

Deux évêques de ce nom ont siégé pendant le règne de Louis VII ; Gautier de Saint-Maurice, de 1151 à 1153 — 54 ou même 55 ; et Gautier de Mortagne, de ces dernières époques à 1174.

On va voir, N°. 12 et N°. 13, des monnaies de Gautier avec le même Louis, portant les figures plus plates et arrondies, et pour ainsi dire, identiques à celles qui suivront, de *Roger de Rosoy*. La figure du Louis de mon N°. 11, étant beaucoup plus allongée, et par conséquent faisant variété sensible, on pourrait, sans inconséquence, attribuer ce N°. 11 à Gautier de St.-Maurice, et les autres à Gautier de Mortagne, prédécesseur immédiat de Roger de Rosoy.

N°. 12 et 13, deux variétés de la précédente. Je les attribue à Gautier de Mortagne.

Voici, N°. 14, une monnaie inédite et extrêmement curieuse, qui appartient à M. Cartier. Il a bien voulu me la confier pour la faire dessiner et la publier. Je lui exprime hautement ma reconnaissance de l'avoir livrée en des mains aussi indignes. Sous la plume de ce savant, le mérite de cet intéressant petit monument aurait acquis plus de lustre. Je me bornerai à faire remarquer que cette monnaie vient justifier complètement la rectification d'attribution qu'il a proposée dans ses *considérations sur l'histoire monétaire, page 12, et aussi le savant Lelewel, page 177, monnaies des* barons. — Leblanc et Duby avaient donné à *Roger de Châlons* (1060), une monnaie qui portait au revers la tête et le nom du roi *Philippe 1er*. Ces messieurs l'ont restituée à juste titre à *Roger de Rosoy*, évêque de Laon ; et par conséquent l'effigie du revers est à *Philippe-*

Auguste. Ils ne connaissaient pas alors cette monnaie découverte aujourd'hui qui porte aussi *Rogerus epc.*, — mais, de l'autre côté, au lieu de *Philippus, Ludovicus re.* Or, avant de voir le règne de Philippe–Auguste , *Roger de Rosoy* avait passé à peu près 5 ans sous celui de *Louis VII*, et il était le successeur immédiat de Gautier de Mortagne. Il existe la plus parfaite analogie entre les monnaies de Gautier et celle de notre Roger. La monnaie de *Roger-Louis* est elle-même identique de dessin avec celles ci-après, de *Roger-Philippe ;* donc ces dernières ne peuvent être que de *Roger de Rosoy* avec *Philippe-Auguste.*

On remarquera que cette précieuse monnaie, un peu fruste, malheureusement, est d'une dimension plus petite que les Gautier qui précèdent et que les Roger qui suivent. Elle ne pèse que 12 grains à peu près. Les plus entiers des deniers de Gautier et de Roger en pèsent 18 , et on va voir, N°. 21, la vraie obole de Roger , qui n'en pèse que 7. Ne pourrait-on pas dire que dès ce temps, il y a eu une division intermédiaire, *l'obole-tierce,* comme cela a eu lieu sous Philippe – le – Bel , pour la subdivision du gros tournois; cette pièce , ainsi que mon N°. 20 ci-après, en seraient la preuve.

Le N°. 15 est encore une monnaie de *Roger avec Louis VII.* Elle est d'une dimension plus grande et d'un coin différent. Quoique de même grandeur que les Gautier et les Roger, elle est mince et pèse à peine 12 grains. Elle appartient à M. de Saulcy qui a les plus grands doutes sur sa légitimité. Je suis forcé d'avouer que je partage son opinion : tandis que consciencieusement je crois celle de M. Cartier d'une authenticité à l'abri de toute critique. M. le docteur Voillemier , à Senlis , en possède une pareille à celle de M. de Saulcy. — Quand donc les vrais amateurs feront-ils une ligue pour anéantir les faussaires !

N⁰ˢ 17, 18 et 19 ; trois variétés de *Roger de Rosoy* avec Philippe-Auguste au revers.

La description en est inutile. A la seule inspection , on remarquera les différences de coin.

N°. 20. — Les mêmes personnages. — Dimension plus petite. — Poids , 12 grains. — *Obole-tierce,* enfin , inédite.

N°. 21. — *Obole* inédite du même Roger — Poids , 7 grains.

M. Voillemier possède la pareille ; moins fruste que la mienne, elle pèse 8 gr.

N°. 22. *Gazo. Eps. Laud.*

Gazo de Champagne fut évêque de Laon depuis 1315 jusqu'en 1317.

R. Ludovicus rex. Louis X.

Je donne cette dernière monnaie d'après Duby , ne l'ayant jamais vue en nature. Elle termine la série des monnaies des évêques de Laon *connues* jusqu'à ce jour. Elle peut nous servir à prouver qu'effectivement ces évêques étaient dans l'obligation de mettre sur leurs monnaies la tête et le nom du roi , puisque nous voyons aujourd'hui ce type commencer vers l'an 977 , et exister encore après un laps de temps de plus de 300 ans.

Mes recherches ont été infructueuses pour trouver d'autres monnaies de cette localité. Il faut espérer que la veine de bonheur qui m'a procuré mes Adalbéron , se renouvellera pour ajouter quelque petit trésor à ce trésor inappréciable.

C'est pour les amateurs que j'ai tracé ces lignes. Ils comprendront mon langage et me pardonneront mes bavardages , en faveur du mérite des petits monumens que je publie.

QUELQUES MONNAIES

Avec les Adalbéron.

Les regrets des amateurs sur la perte dont je viens de les entretenir, augmenteront lorsqu'ils apprendront que le trésor ne se composait pas seulement de monnaies de Laon. A en juger par ce qui reste, on aurait trouvé des pièces extrêmement rares et curieuses. Dans le peu que j'ai sauvé, plusieurs autres espèces de monnaies étaient mêlées aux Adalbéron. On ne sera sans doute pas fâché de connaître cette petite portion échappée à la fonte. Je les livre, avec mes nouvelles hypothèses, à la critique des numismatistes. — Si on se contentait de jeter toujours aux incertaines des pièces sur lesquelles on a des doutes, on priverait parfois la science de belles découvertes. Une monnaie, inexplicable à mes yeux, parce qu'elle est mal conservée dans une de ses parties, peut devenir *certaine* dans les mains d'un autre amateur qui la posséderait en meilleur état ; et les publier toutes deux serait en effet un service à rendre à la science, puisqu'il peut en résulter une nouveauté, une vérité numismatique.

Depuis long-temps je possédais une obole de Corbie, d'une assez bonne conservation, sauf une lettre ou deux fort essentielles effacées.

E...ADVS .ABBAS (Eradus abbas). Dans le champ, une crosse entre l'alpha et l'oméga, type des monnaies de Corbie connues jusqu'à ce jour.

R. CO..EIA (Corbeia) (ma planche 3, N°. 1.)

Parcourant la liste des abbés de Corbie dont les noms se terminent par...*DVS* ; et, le compas à la main, mesurant l'espace qui précède cette finale, je n'avais vu que

Herrard, autrement *Errard*, 911 à 914, ou bien un autre *Everard*, de 1095, à qui ma pièce pût appartenir, et j'avais donné la préférence au plus ancien. L'abbaye de Corbie ayant eu, suivant M. Lelewel, le droit de battre monnaie dès avant 833, je ne voyais pas de motifs pour qu'en 911, l'abbé ne l'eût pas mis en usage. Cet Erard qui *avait fait des réglemens très-sages sur la fabrication de la monnaie*, n'est-il pas censé, par cela même, en avoir fabriqué ? (*) Mais aujourd'hui, ont été trouvées avec mes Adalbéron, des oboles que je crois semblables à ma première, à de très-légères différences près (pl. 3, N°s 2 et 3.) Il me semble reconnaître évidemment sur ces monnaies les deux premières lettres *EU*. Ce serait alors *Everard* ou *Evrard* (EVradus) de 1095. — Cet abbé fit également un réglement sur la monnaie qui s'est conservé jusqu'à nous, et qui est rapporté au supplément de Ducange, T. 2, p. 1328 — anno circiter 1085.

Je crois que cette indication 1085 est une erreur, puisque le *Gallia christiana* nous donne comme trente-deuxième abbé de Corbie *Fulco* 1er, *mortuus nonis decembris anni* 1095, et que notre Evrard succéda immédiatement à Fulco.

Au surplus ce réglement est d'un grand intérêt quant à l'objet qui nous occupe :

« *Constituimus autem eam* (monetam) *ad septem denarios argenti, juxta legem*
« *et pondus Ambianensis monetæ ; obolos quoque ponimus ad sex denarios, et ita ut*
« *tredecim ex illis denarii integrorum duodecim denariorum pondus efficiant*, etc. »

On voit qu'Evrard voulait que sa monnaie fût au même titre et au même poids que celle d'Amiens.

Or, j'ai encore rencontré, à côté de mes oboles de Corbie, plusieurs oboles et un denier d'Amiens. J'en donne ici la figure sous les N°s 9 et 10. Ils sont assez conformes de dessin au denier cité par Duby, pl. X. — Le petit croissant est exactement posé entre deux des branches de la grande croix, vis-à-vis la petite croix de la légende du tour. Le mot *pax* est écrit dans le champ de l'autre côté, mais d'un dessin différent de celui de Duby. L'A est surmonté d'un long trait qui n'est pas sur celui que donne Duby. Quant aux légendes, elles sont presque méconnaissables ; et je ne cesserai de répéter hélas ! sur leur mauvaise conservation.

Quoiqu'elles soient dans un piteux état, je remarque que le poids des unes et des autres, Corbie et Amiens, est exactement le même, 7 grains environ. La forme de la croix du champ est la même, enfin elles ont entre elles une grande analogie. Ne voilà-t-il pas les renseignemens pris sur les pièces mêmes en accord avec la charte ? Et n'est-ce pas un hasard des plus heureux, que la coïncidence de pareilles circonstances dans une même trouvaille ?

(*) Erradus, aliis Evrardus, constitutionem de conficiendâ monetâ, cujus rei pótestas penes abbatum erat, fecisse traditur in chronico. (Gallia christiana, t. X, p. 1262.)

Mais je m'éloigne de mes *Evrard*, et j'y reviens pour donner, N°⁵ 4 et 5 , deux deniers qui me semblent du même personnage, *Euradus*, Evrard. M. Lelewel croit lire sur ces deux pièces *EOBERADVS*, qu'il traduit au surplus par *Evrard*. Je fais observer que l'espace est un peu trop petit pour comporter toutes ces lettres. Il y a nécessité d'en retrancher une ou deux ; et les dessins que j'en donne sont assez exacts pour qu'on y reconnaisse , je pense , les lettres *EURADVS*. Que si on voit , comme M. Lelewel, la lettre *O* au lieu de *U* , il ne pourrait y avoir que *EOBRADVS*, ce qui serait toujours à peu-près une même manière d'écrire Evradus. Sur l'obole N°. 1ᵉʳ , on pourrait lire **ERADVS** ; sur les deux autres, **EURADVS** , et on remarquera que la 2ᵉ. lettre , l'U , paraît être la même que sur les N°⁵ 4 et 5. Même type au surplus que les oboles ; type des monnaies de Corbie. — Mais le revers, que porte-t-il ? — Ce n'est plus *Corbeia*. Ce qui reste des légendes ne laisse guère de doute , ce me semble , sur le mot *Phipus*, ou *Philippus* , suivi des lettres *APPS*. M. Lelewel , qui a eu la complaisance d'examiner ces pièces , expliquerait ces quatre lettres par *approbans,* (Philippus approbans). Cette *interprétation serait* dans le sens du *Lotharii regis permissione* de la monnaie de l'abbaye de Tournus. Nulle hésitation encore sur le Philippe à qui l'attribuer. En 1095 , ce ne pouvait être que Philippe Iᵉʳ.

Si dans cette légende difficile à lire , on ne voulait pas reconnaître le mot *Phipus* , on pourrait peut-être y voir Petrus. La lettre qui me semble un *H* serait un *E* , et le P un R avec le second trait fort allongé. Les quatre lettres APPS seraient peut-être *ARPS* (archiepiscopus) : et nous voyons , en 1119 , un *Petrus* évêque de Beauvais.

Mais pourquoi l'évêque de Beauvais aurait-il une monnaie commune avec l'abbé de Corbie ? C'est ce que je ne puis deviner.

En donnant le dessin de ces singulières pièces , j'exprime le vœu qu'un autre amateur en découvre de pareilles mieux conservéeŝ : elles feraient cesser nos doutes.

Mes monnaies d'Evrard sont les plus anciennes de Corbie connues jusqu'à ce jour. — Ducange et Duby ont donné deux variétés d'un Jean. Le premier de ce nom est Jean de Buzencourt, de 1158 à 1172. — M. Rigollot, et d'après lui , M. Lelewel , en ont cité de Gosso (Gotso) 1187 — 1193. — On voit que mes Evrard (1095) sont leurs aînés de près d'un siècle.

Une dernière remarque : celles qui sont déjà connues portent *Corbein* ou *Corbeie* , tandis qu'on lit sur les miennes : *Corbeia*.

Ces monnaies ne sont pas les seules provenant de la trouvaille. Des monnaies purement royales en faisaient également partie.

Voici, N°⁵ 6 et 7, deux deniers d'argent, du poids de 24 grains (*), dont je

---

(*) Vingt-quatre grains, poids conforme à celui des premières pièces de la 3ᵉ. race.

possède plusieurs exemplaires trouvés, les uns avec mes Adalbéron, les autres avec les N°s 1 et 2 des évêques de Laon, pl. 1re.

Le savant Lelewel, qui a encore eu l'extrême obligeance de les étudier, a cru reconnaître, du côté de la croix, les débris du mot *Virduni*, et de l'autre côté le mot *HINRI...* (Henricus). — Dans le champ: *Rix*. — Il les attribue à Henri – l'Oiseleur.

Henri – l'Oiseleur (dit le président Hainaut) a été fait empereur après la mort de Conrad. — Les auteurs de l'Art de vérifier les dates prétendent qu'il n'a jamais pris ce titre dans les diplômes. « Dans un diplôme il se dit: *advocatus Romanorum*. » On en trouve un autre où il est qualifié de *Franciæ orientalis rex*.

Verdun est bien dans la France orientale ; et le titre de Rex ou Rix sur mes monnaies serait conforme à celui du diplôme.

Gerberge, une des filles d'Henri, avait épousé en deuxièmes noces, l'an 939, Louis-d'Outre-mer ; et Hatwide, autre fille, a été l'épouse de Hugues-le-Grand et mère de Hugues Capet.

Je pourrais dire que nous voilà encore en famille, puisque cet Henri se trouve être l'aïeul maternel de Hugues Capet, et le bis-aïeul maternel de Louis V dont j'ai cité des monnaies plus haut.

Ces monnaies d'Henri seraient les plus anciennes de la trouvaille, et le N°. 8 qui suit, la plus moderne.

C'est une obole de Philippe Ier.

✠ P....PVS rex. Dans le champ, une croix et deux croissans.

Au revers, on lit la finale du mot *Silvanectis* ou *Sinelectis* (Senlis).

Leblanc, à l'article des monnaies de Philippe-Auguste frappées à Arras et à Montreuil, nous donne un denier d'un dessin qui paraît tout semblable à celui de mon obole, et qu'il croit appartenir à Philippe Ier.

D'après la composition du trésor, aucune monnaie ne dépasserait la fin du IIe. siècle : on voit le dessin de Leblanc conforme à celui de mon obole : c'est donc un double motif pour attribuer avec certitude à Philippe Ier la pièce de Leblanc, et par conséquent mon obole.

Pl. 3. — N°. II.

Encore une présomption ; une dernière ! en faveur d'une monnaie trouvée à Saint-Quentin même il y a quelques années. Petite pièce en argent toute extraor-

dinaire , épaisse , du poids de 18 grains 1/2 (*) et du module des tiers-de-sol d'or
de la première race.

Ne pourrait-on pas voir dans le monogramme compliqué et les lettres qui l'en-
tourent la composition du mot *LAVDVNum* ? Ce serait encore de Laon ! — Monnaie de la première race , sans doute de l'un des Rois fainéans. — Elle a quelque
analogie pour le style avec celle , également en argent et mérovingienne , que M.
Lelewel donne , N°. 58 de sa planche IV, et qu'il attribue à la ville de Clermont.
*CLA*rus-mons : *AR*vernis. — Le revers de la mienne offre une croix à côté de la-
quelle on pourrait voir les initiales de *X*stiana *R*eligio.

Desains.

(*) Cette pièce , en assez bon état , est cependant un peu rognée. Elle peut avoir perdu 2 grains. En les lui
restituant, elle aurait le poids des rares deniers d'argent mérovingieus , 21 grains environ.
(Sous la première race ou se servait de deniers d'argent qui pesaient 21 grains ou environ. --- Leblanc, p. XI).
(Le denier d'argent ou S*AIGA* --- 21 grains. --- Il existe dans les collections des pièces mérovingiennes d'argent,
pesant 20 grains à peu près. --- Évaluation des monnaies courantes sous la première race par M. de Saulcy , insérée dans la Revue de la numismatique , juillet 1836, pages 244 et 245 , etc.)

www.ingramcontent.com/pod-product-compliance
Lightning Source LLC
LaVergne TN
LVHW012146170726
843503LV00009B/4002